Für Ellen

FSC
www.fsc.org
MIX
Papier aus verantwortungsvollen Quellen
Paper from responsible sources
FSC® C105338

Herstellung und Verlag: BoD – Books on Demand, Norderstedt.
ISBN: 9 783755 724162

Hettstadter Geschichte(n) Band 5

Schule in Hettstadt

und

Feste in den 1950ern in Bildern

- Schule vom Beginn bis zur Gründung des Schulverbands

- Bilder von Festen und Feiern in den 1950er Jahren in historischen Bildern aus der Sammlung von Mike Geis.
Zur Verfügung gestellt von Bürgern aus Hettstadt

Mike Geis, Hettstadt 2022

Das Schulwesen in Hettstadt

Vom Beginn bis zur Gründung des Schulverbandes

Zur Einweihung der neuen Schule in Hettstadt im Jahr 1960 hielt Hauptlehrer Theo Theuerkaufer einen Vortrag über die Geschichte der Schule.

In seiner Rede hieß es, dass die Schule seit dem Jahr 1465 besteht. Leider sind die Quellen, die er nutzen konnte, nicht mehr auffindbar, so dass diese Aussage nicht überprüft werden kann.

Die erste gesicherte Angabe einer Schule in Hettstadt stammt aus einem Visitationsprotokoll des Dekanats Karlstadt aus dem Jahr 1578.

1598 wurde geschrieben, dass die Schule ein Jahr zuvor angefangen hatte. Der Schulmeister Paul Willunck aus Castell, hielt aber keinen Unterricht ab. Stattdessen lief er lieber über die Felder des Pfarrers und hing „der Schreiberei“ nach.

Offizielle Schreiben für die Gemeinde, den Pfarrer oder aber auch für Privatpersonen war eine zusätzliche Möglichkeit, den niedrigen Verdienst des Lehrers aufzubessern, denn der Lehrer hatte meistens die schönste Schrift.

Unterstützung bekam der Lehrer durch einen Kantor. Es ist nicht ganz klar, was dieser Begriff damals bedeutete. Jedenfalls nicht Chorleiter oder Organist, wie heute. Man könnte ihn als Hilfslehrer oder vielleicht in der Ausbildung stehend bezeichnen. Er war im Schulhaus untergebracht und der Lehrer musste ihn mit Kost und Logis versorgen. Doch sehr oft beklagten sich die Kantoren am Anfang des 19. Jahrhunderts über die schlechte Unterkunft

und das sehr karge und schlechte Essen, das ihnen vorgesetzt wurde.
Ohnehin war Schullehrer oder Schulmeister, wie sie auch genannt wurden, kein einträglicher Beruf. Das Gehalt, das von der Gemeinde gezahlt wurde, genügte kaum zum Leben. Weitere Einkünfte hatte der Lehrer durch Kirchendienste als Messner und als Gemeindeschreiber. Entlohnung bekam er auch in Form von Naturalien als Teil seines Gehalts. Von den Eltern der Schüler bekam er ein bestimmtes Maß an Getreide. Dieses musste er sich, von Haus zu Haus gehend, selbst abholen.
Weiterhin bekam er jedes Jahr Holz zum Heizen von der Gemeindeverwaltung zugewiesen. Auch Vieh hielten sich die meisten Lehrer. Eine oder zwei Kühe, Ziegen und Federvieh, wie Hühner und Gänse. Oft gehörte zur Wohnung ein kleiner Garten, in dem er Gemüse anbauen konnte.

Hier ein Beispiel für das Jahresgehalt des 1. Lehrers aus dem Jahr 1874:

Gehalt von der Gemeinde	231 Gulden (Fl)	7 ¼ Kreuzer
Schulgeld von den Eltern	132 Gulden	38 Kreuzer
Kirchendienst	21 Gulden	56 ¼ Kreuzer
Organistendienst	56 Gulden	27 Kreuzer
Gemeindeschreiber	170 Gulden	14 Kreuzer
Kirchenstiftungschreiber	10 Gulden	

Das entspricht umgerechnet etwa 8850 Euro im Jahr 2015 (Umrechnungsfaktor 11,2).

Dazu bekam der Lehrer noch folgende Naturalien, im Wert von:

Kornanschlag	50 Gulden	5 Kreuzer
6 Ster Eichenknorzholz	24 Gulden	24 Kreuzer

308 Bund Buchenstangenwellen 11 Gulden 5 ½ Kreuzer
(diese wurden auch zum Backen benötigt)
Dienstgründe 2 Gulden 51 ½ Kreuzer
Weiderecht 1 Gulden
Wohnung 12 Gulden
(Die Wohnungsmiete betrug also 1 Gulden im Monat)
Weiderecht aus der Kirchenstiftung 1 Gulden

Im Jahr 1904 sah die Besoldung des Lehrers dann folgendermaßen aus:

Vom Rentamt (Staat)	330,00 Mark
als Messner	76,30 Mark
als Organist	16,19 Mark
als Gemeindeschreiber	380,00 Mark
(Also mehr als sein Gehalt vom Staat!)	
als Rechnungsführer	90,00 Mark
als Kirchenschriftführer	17,00 Mark
von der Gemeinde	870,00 Mark

Das entspricht etwa 11.400 Euro in 2015 (Umrechnungsfaktor 6,4).

An Naturalien und Werte-Leistungen werden ihm aber von der Gemeinde abgezogen:

für 6 Ster Eichenknorzholz und 308 Astwellen (Die gleiche Menge wie 1874).	81,96 Mark
für 20 l Getreide von jedem Haushalt	209,33 Mark
für 4,2 Ar Garten bei der Schule	4,23 Mark

Somit bleiben als Bargehalt von der Gemeinde 574,48 Mark. Eine Miete für die Wohnung in der Schule wurde offensichtlich nicht mehr erhoben.

An Einnahmen forderte die Gemeindeverwaltung von jedem Haushalt im Jahr 1877 Schulgeld in Höhe von 3,80 Mark für die Schule. Für die Sonntagsschule wurden 2,80 Mark erhoben. Allerdings blieben viele Einwohner die Zahlung schuldig, sodass die Verwaltung immer wieder Mahnungen aussprechen musste.

Das Holz zum Heizen des Schulraumes wurde von der Gemeinde separat zugeteilt. Jährlich wurde das Kleinmachen des Holzes an Ortsbürger versteigert. Derjenige, der am wenigsten Geld dafür verlangte, bekam dann den Auftrag das Holz für den Schulraum zu hacken. 1886 wurden für diese Arbeit 29 Mark gezahlt.

Benötigt wurden im Jahr ca. sechs Ster Holz und rund 300 Wellenholz.
Das Reinigen der Schule wurde an Frauen im Ort vergeben. Auch da bekam den Auftrag diejenige, die am wenigsten für diese Arbeit forderte.

Bis 1803 war die Kirche für die Schule zuständig. Der Lehrer unterstand direkt dem Pfarrer.
Danach gab es eine örtliche Schulkommission und ab 1806 übergeordnet die Großherzogliche Schulkommissionen.
Ab 1814 wurde das gesamte Volksschulwesen der königlichen Schulkommission übertragen. Die Pfarrer vor Ort übten aber immer noch, zusammen mit der örtlichen Schulkommission, die Schulaufsicht aus.

Dass dies nicht immer ohne Reibereien ablief, zeigt exemplarisch der Fall des Lehrers Sebastian Schäfer und sein Streit mit Pfarrer Anselm Stubenvoll.

Lehrer Schäfer war während der napoleonischen Zeit für die Einquartierungen der vielen Truppendurchzüge zuständig. Ein einziges Mal, musste er auch Truppen in das Pfarrhaus einquartieren. Es waren zu viele Soldaten im Ort und die Offiziere verlangten ein „gutes" Quartier. Dies nahm der Pfarrer dem Lehrer übel. Ab 1814 beklagte sich der Pfarrer immer wieder bei der Schulkommission oder der Regierung über den Lehrer. Er beschuldigte ihn der Wilderei, des Musizierens in der Wirtschaft und dass er den Unterricht eigenmächtig verkürzen würde.

Das führte so weit, dass Lehrer Schäfer versetzt wurde. Nach dem Tod des Pfarrers Stubenvoll hätte die Gemeinde Hettstadt den Lehrer Schäfer liebend gerne wieder in den Ort geholt, denn er war sowohl bei den Schülern als auch bei den Eltern sehr beliebt. Doch es nützte nichts, es kam ein neuer Lehrer nach Hettstadt.

Die alte Schule auf Plänen 1836. Sie muss um 1750 gebaut worden sein. Am Standort des heutigen Rathauses (StAWü 4473)

Unten die Ställe, 1. OG die Lehrerwohnungen, 2. OG. Lehrsäale.

Wo das erste Schulgebäude stand ist unbekannt. Da die Schule bis zur Säkularisation im Jahre 1803 der Kirche unterstand, ist anzunehmen, dass sich die Schule in der Nähe der Kirche befand, vermutlich immer an dem Platz, an dem nun die „alte Schule“ bzw. das Rathaus steht.

Nachgewiesen ist, dass 1810 bereits an der Stelle des heutigen Rathauses eine Schule stand. Damals war das Gebäude in schlechtem Zustand und es gab jahrelangen Schriftverkehr zwischen der Gemeinde und der königlichen Regierung, ob das Gebäude renoviert oder abgerissen werden solle.
Es wurde als ein Gebäude beschrieben, bei dem der in den Hang gebaute Teil aus Feldsteinen gemauert, die oberen beiden Stockwerke als Fachwerk ausgeführt waren.
Es kann also durchaus angenommen werden, dass dieses Gebäude im Jahr 1810 etwa 40 bis 50 Jahre alt war.

Die Gemeinde Hettstadt setzte sich letztendlich durch. Aus Kostengründen wurde das Gebäude saniert und wurde in einem Bauplan 1836 dargestellt.

Dieses Schulhaus war 38 Schuh (ca. 11,07 m) lang, und 30 Schuh (ca. 8,74 m) breit. Das Schulzimmer im ersten Stock war 24 Schuh (ca. 6,99 m) lang und 16 ½ Schuh (ca. 4,80 m) breit.

Im Jahr 1836 gab es 106 Schüler in der Hettstadter Schule. Das königliche Landgericht, dem heutigen Landratsamt entsprechend, war der Meinung, die Schule sei zu klein. Es sollte ein zweites Schulgebäude gebaut werden.

Auch hier war die Gemeinde aus Kostengründen dagegen. Es seien zwar in drei Jahren 100 Kinder geboren worden, doch müsse man die Kindersterblichkeit berücksichtigen. Es würden wohl kaum so viele Kinder die Schule auch besuchen.

Dennoch wurde die zweite Schule gebaut und war 1838 fertig. Sie lag vor dem vorhandenen Gebäude und hatte direkten Blick auf die Langgasse. Dies verleitete die Schüler natürlich oft zur Unaufmerksamkeit. Offensichtlich konnten sie das Leben auf der Dorfstraße gut beobachten.

Allerdings war die zweite Schulstelle auch vier Jahre später noch nicht mit einem Lehrer besetzt. Es gab einfach nicht genug ausgebildete Lehrer.

Fassade nach Süden, der zweiten Schule (StAWü 4473)

Diese zweite Schule bestand bis ins Jahr 1880. Sie wurde mit dem Abriss und Neubau der oberen Schule 1880 ebenfalls abgerissen. Das neue Schulgebäude war groß genug, dass kein zweites Gebäude notwendig war. Der Abriss der alten Schule wurde im März 1880 ausgeschrieben und der Auftrag vergeben.

Die Schule, die 1880 mit großem Kostenaufwand gebaut wurde, war zu dieser Zeit sehr repräsentativ. Durch einen hilfreichen Kredit des Mitbürgers und Ratsmitglieds Lorenz Hebling über 30.000 Mark konnte die Gemeinde dieses große Projekt realisieren. Bis zum Januar 1881 hatte er bereits 13.000 Mark bereitgestellt, um aufgelaufene Rechnungen zu begleichen.

Weitere 6.500 Mark kamen aus dem Kultus-Baufond der Gemeinde.

Postkarte von 1910 mit Blick auf den Schulgarten

Im Jahre 1881 konnte das neue Schulgebäude eingeweiht werden. Es hatte im Untergeschoss Kellerräume für die Lehrer und den Eingang zur Schule. Im ersten Stock befanden sich zwei Lehrerwohnungen, im zweiten Stock die Klassenzimmer. Es waren drei Klassenzimmer vorgesehen, von denen erst nur zwei als solche genutzt wurden. Zudem gab es nach Norden hin ein Zimmer, das der Gemeinde als Verwaltung diente.

Während der Bauzeit fand, laut einer Aufzeichnung von Hauptlehrer Theuerkaufer, kein Unterricht statt. Dies ist allerdings nicht glaubhaft. Das zweite Schulgebäude wurde im Zuge des Neubaus auch abgerissen. Vermutlich aber erst nachdem das neue Schulhaus stand. Dort wird der Unterricht in diesen zwei Jahren stattgefunden haben.

Leider sind die Akten dazu im Staatsarchiv Würzburg am 16. März 1945 verbrannt.

1913 wurde das dritte Klassenzimmer genutzt. Erst zu diesem Zeitpunkt war die dritte Schulstelle in Hettstadt von der Regierung genehmigt worden. Es lag an der Südseite des Gebäudes und war deshalb im Sommer sehr warm. Die erste Lehrerin in dieser dritten Klasse war Luise Blum. Sie hatte die Klassenleitung bis zu ihrem Ausscheiden 1936, inne.

Die Wohnung des ersten Lehrers hatte fünf beheizbare Zimmer und zusätzlich eine Dachkammer. In der Wohnung befanden sich eine große helle Küche und eine Speisekammer. Zu der Wohnung gehörten ein Keller, ein Waschraum, eine Holzlege im Hof, eine kleine Scheune und drei Gärten. Im Keller war auch der Stall für das Vieh des 1. Lehrers untergebracht.

Westlich des Gebäudes war bis 1932 der Garten des 1. Lehrers. Der Garten vor dem Schulgebäude, stand dem 2. Lehrer zur Verfügung. Als 1932 der Schulhof angelegt wurde, bekam der 1. Lehrer den vorderen Garten, dem 2. Lehrer wurde ein Garten nördlich der Schulscheune zugewiesen.

Die Wohnung des zweiten Lehrers war kleiner und befand sich ebenfalls im ersten Stock. Diese Wohnung hatte drei Zimmer, doch nur zwei davon waren beheizbar. Dazu gehörten auch eine Küche, ein Kellerraum, eine Holzlege und ein Waschhaus.

Beide Wohnungen wurden als „trocken und gesund“ bezeichnet.

Wasser gab es am Brunnen, der noch heute in der Brunnengasse zu sehen ist. Leider trocknete er im Sommer oft aus, sodass das Wasser von weiter entfernten Brunnen geholt werden musste.

1886 wird in den Gemeinderatsprotokollen ein dritter Lehrer erwähnt, leider ohne Namen. Er wohnte mit Sicherheit nicht in der Schule.

Erst 1950, als das Rathaus in der Würzburger Straße gebaut wurde, wurde das Gebäude ein reines Schulgebäude. Drei Schulräume, die alle Fenster nach Süden hatten, wurden nun genutzt. Das seit dem Krieg genutzte provisorische Klassenzimmer in der Kinderbewahranstalt konnte somit aufgelöst werden.

1957 musste ein viertes Klassenzimmer eingerichtet werden. Dafür wurde die ehemalige Gemeindekanzlei auf der Nord-West Seite des Schulhauses als Klassenzimmer benutzt. Hier hatten 30 Schüler Platz.

Die Anzahl der Schüler war im Verhältnis zur Einwohnerzahl relativ hoch. So gab es im Jahr 1809 ca. 600 Einwohner in Hettstadt. In der Schule waren 57 Knaben und 42 Mädchen.

Der Jahrgang 1898/99 steht hier vor dem Seiteneingang der alten Kirche. Damals gab es den Schulhof noch nicht. Dort befand sich der Treppenaufgang zur Kirche. So, wie er heute auch wieder ist.

Hier der Jahrgang 1918/1919 mit der Lehrerin Frau Luise Blum. Das Bild wurde an der Nordseite des Schulhauses aufgenommen. Zu diesem Zeitpunkt gab es die Türe zur Kirche noch nicht.

Die Schülerzahlen zwischen 1869 und 1879 waren im Schnitt
In der 1. Schule, die Klassen 1 bis 3 78 Schüler
In der 2. Schule, die Klassen 4 bis 7 60 Schüler
In der Sonntagsschule 24 Knaben und 26 Mädchen.

Schon im 18. und noch am Anfang des 20. Jahrhunderts bestand die Schulpflicht aus zehn Jahren. Sieben Jahre Volksschule und anschließend drei Jahre Fortbildungsschule. Diese wurde Sonntagsschule genannt, da der Unterricht am Sonntag stattfand. Die Schüler waren dann meist schon in der Ausbildung bzw. arbeiteten schon.

Die Schüler waren angehalten, den Unterricht regelmäßig zu besuchen. Doch in einem Ort auf dem Land war das nicht immer möglich. Vor allem in der Erntezeit fehlten die Schüler oft, da sie auf dem elterlichen Hof bei der Ernte helfen mussten.

Auch waren die Regeln sehr streng. So steht auf der Rückseite eines Zeugnisses von 1926 ein Auszug aus dem Gesetzbuch von 1871:
„... werden Schüler bei Tanzveranstaltungen angetroffen, so müssen die Eltern, Verantwortlichen 10 Taler Strafe zahlen oder Haft bis zu acht Tagen antreten."
oder
„..... mit Haft bis zu sechs Tagen sind Sonntagsschulpflichtige zu bestrafen, die Tanzunterhaltungen ohne Erlaubnis besuchen."
oder
„... Haft bis zu drei Tagen erhalten Schulpflichtige die aus eigenem Verschulden die Sonntagsschule nicht besuchen."

1938 wird durch die Regierung das achte Schuljahr eingeführt. Zuerst nur für die Knaben, ab 1939 dann auch für die Mädchen.

In der Regierungszeit unter den Nationalsozialisten (1933 – 1945) gab es auch für die Schule verschiedene Änderungen.

So wurde bei der Schulpflegschaftssitzung am 20. Oktober 1933 die Einführung des „Deutschen Grußes" beschlossen.

Am 29. April 1935 erhielt die Schule ein Radio, damit die Schüler die Reden des Führers und Reichskanzlers Adolf Hitler hören konnten.

Und am 17. Dezember 1935 trat die 5. Jahrgangsstufe geschlossen dem Jungvolk bei.

Auch musste der Unterricht für Dienste in der Hitlerjugend oder für Sammlungen zurückstehen.

So wurde z.B. am 24. Oktober 1935 eine Sammlung durchgeführt, die folgende Einnahmen brachte:

an Bargeld	44,00 RM (Reichsmark)
an Roggenmehl	33 ¼ Pfund
an Weizenmehl	56 ½ Pfund
an Malzkaffee	6 Pfund
an Erbsen	18 ½ Pfund
an Linsen	2 ½ Pfund

Später kamen dann noch Sammlungen für das Winterhilfswerk dazu und Sammlungen von Altmaterial. Auch das Sammeln von Kräutern zum Herstellen von Tees oder Medizin wurde angeordnet.

Bereits am 16. Oktober 1937 wurde für die Werktagsschüler das erste Mal eine Luftschutzübung durchgeführt. Die sportlichen Wettkämpfe rückten im Rahmen des Unterrichts immer mehr in den Vordergrund. Es sollten gesunde, kräftige Soldaten herangezogen werden.

Die Kreuze in den Schulen sollten abgenommen werden. Auch in Hettstadt war dies der Fall. Dies gefiel den Gläubigen in Hettstadt überhaupt nicht. Zwei Soldaten, die auf Fronturlaub in Hettstadt waren, gingen zum Lehrer und forderten ihn auf, die Kreuze wieder aufzuhängen. Für einen der beiden hatte das schlimme Folgen, da er bei seinem Vorgesetzten angeschwärzt wurde.

Am 17. März 1944 wurden zwei Batterien 8,8 cm Flak nach Hettstadt verlegt. Sie sollten dem Schutz von Würzburg bei den Bombenangriffen dienen. Sie wurden auf der Höhe an der Straße nach Greußenheim stationiert. Diese Stellung ist auf einer Luftaufnahme der Amerikaner vom September 1944 gut zu sehen.

Die Soldaten bzw. die jungen Flakhelfer wurden im Schulsaal der II. Klasse untergebracht. Der Unterricht wurde dadurch erheblich gestört. Erst am 23. Juni 1944 zogen die jungen Luftwaffenhelfer wieder aus Hettstadt ab.

Zu dieser Zeit waren auch 17 Schüler aus sogenannten „luftgefärdeten Gebieten“ aus dem Rheinland zu ihrer Sicherheit nach Hettstadt gebracht worden und nahmen hier am Unterricht teil.

Von den zu dieser Zeit drei Lehrkräften wurde Fräulein Erika Schmitt als Lehrerin nach Greußenheim abgeordnet. Die verbleibenden zwei Lehrer mussten den Unterricht aufteilen. 221 Schüler gab es damals in Hettstadt.

Auch wurde der Unterricht immer öfter durch Fliegeralarm gestört. Ein wirklich geregelter Unterricht war nicht mehr möglich.

Zudem war der Winter 1944/45 sehr kalt und schneereich. Hettstadt waren nicht genug Kohlen zum Heizen zugewiesen worden und so mussten die Schüler mit ihren Schlitten in den Wald, um dürres Holz zu holen.

Bauliche Veränderungen gab es in dieser Zeit im Schulgebäude nicht.

Nach dem Ende des sogenannten Dritten Reiches fehlte es erst einmal an Lehrern. Entweder waren sie noch Soldaten oder politisch belastet, das heißt, sie waren Mitglieder der NSDAP gewesen. Vielfach hielten Frauen den Unterricht. So auch in Hettstadt. Es dauert eine Weile, bis dann wieder Männer als Lehrer zur Verfügung standen und die Klassen kleiner werden konnten.

1948 wurde wegen der großen Anzahl an Schülern in Hettstadt eine vierte Schulstelle eingerichtet. Das Klassenzimmer war im Kindergarten in der Blumenstraße.

Ende der 50er Jahre war aber das Schulhaus schon wieder zu klein. Die starken Nachkriegsjahrgänge führten zu immer größeren Klassen.

1959 wurde beschlossen ein neues Schulhaus zu bauen. Die Lehrerschaft hätte dieses gerne in der Nähe der alten Schule gehabt. Am oberen Neuen Weg, war ihr bevorzugter Standort. Doch die Gemeindeverwaltung fand die Hanglage nicht ideal und zudem teurer.

So wurde dann der Turnplatz an der ehemaligen Weth als Bauplatz für die neue Schule auserkoren.

Nach Plänen des Architekten Schweser aus Ochsenfurt, wurde ein modernes Schulgebäude gebaut. Mit einem Turnsaal im Keller, mit Duschen, einer Küche und der Möglichkeit das Gebäude bei Bedarf zu erweitern.

Einweihung der neuen Schule

Schon nach drei Monaten Bauzeit konnte im Dezember 1959 Richtfest gefeiert werden.

Am 11. September 1960 wurde die neue Schule offiziell eingeweiht. Die Baukosten beliefen sich insgesamt auf 300.000 DM. Unter großer Beteiligung der Bevölkerung und der Vereine wurde die Einweihung ein großes Fest für den Ort.

Jeder Schüler bekam von der Gemeinde eine Wurst und einen Kipf spendiert!

1969 schon, wurden zwei weitere Klassenräume angebaut.

Noch in den 50iger Jahren des 20. Jahrhunderts wurden, vor allem die Schüler der Oberklasse, zu Einsätzen in der Landwirtschaft verpflichtet.

So zum Beispiel 1950 zum Verziehen von Zuckerrüben auf dem Hettstadter Hof. Als Stundenlohn gab es 20 Pfennige.

Aber auch am Dorfleben nahmen die Klassen gemeinsam mit ihren Lehrern teil.

Beim Erntedankfest oder auch bei den Faschingszügen in den 1950er Jahren waren die Klassen mit ihren Lehrern vertreten. Genauso wie als Chorsänger bei Vereinsfesten und in der Kirche.

Körperliche Züchtigung war bis in die 1960er Jahre in der Schule gang und gäbe. Sowohl mit dem Rohrstock auf die Finger als auch bei den Buben das Hochziehen an den Koteletten mit anschließender Kopfnuss, waren weit verbreitet.

Eine Auswahl der Lehrer aus der Historie:

(Die ersten vier Namen stammen von einer Aufzeichnung von Oberlehrer Theuerkaufer. Leider hat er keine Quellen angegeben, sodass die Angaben nicht überprüft werden können.)

1465 – 1478 Dannert Michael (
1479 – 1495 Schulte
1512 – 1520 Gareis Rudolf
1552 – 1562 Welten Otto

1595 – 1626 Willunk Paul
1626 Pauli Johann Jakob
1715 – 1761 Back Peter
1761 – 1793 dessen Sohn Back Johann Anton (1758 erst als Hilfslehrer)
1794 – 1811 dessen Sohn Back Johann
1811 – 1815 Schäfer Sebastian
1815 – 1821 Geßner Sebastian
1821 – 1848 Ammerbach Sebastian
1855 – 1879 Mergler Michael

1881 – 1906	Mergler Franz (dessen Sohn)
1882 –	Brand als zweiter Lehrer

1907 bis 1947:

1. Schulstelle:

1907 – 1921	Kilgenstein Otto
1921	Gaß Hugo (Hilfslehrer)
1921 – 1943	Fick Leo
1943 – ?	Theuerkaufer Theodor (ab 1943 Hauptlehrer)

2. Schulstelle:

1919 – 1921	Öhrlein Wilhelm
1921 – 1924	Bohnengel Richard
1924 – 1935	Beck Hubert
1935 – 1939	Theuerkaufer Theodor
1942 – 1943	Meier Alfred

3. Schulstelle:

1913 – 1936	Blum Luise
1936 – 1937	Göpfert Thekla
1937 – 1939	Bergmann Maria
1939 – 1959	Schmitt Erika

Schuljahr 1959/60:

Theuerkaufer Theodor, Hauptlehrer
Göbel Ferdinand
Göbel Madlon
Schmitt Erika, Oberlehrerin
Röhrich Anita

Schuljahr 1963/64
Göbel Ferdinand, Hauptlehrer
Röhrich Anita
Lauer Liselotte
Braun Alexander
Hubert Rudolf

Schuljahr 1973/74
Göbel Ferdinand, Hauptlehrer
Röhrich Anita
Göbel Madlon
Hubert Rudolf
Lauer Liselotte
Braun Alexander
Dietz Elfriede

Hier die Bilder einiger Lehrer, die in Hettstadt tätig waren.

Mergler German 1894

Otto Kilgenstein 1908

Leo Fick 1926

Luise Blum 1927

Hubert Beck 1926

Helmut Michler 1930

Maria Bergmann 1937

Alfred Maier 1940

Anita Baumeister 1947

Erika Schmitt 1954

Ferdinand Göbel 1955

Theodor Theuerkaufer 1962

(Die Bilder sind zum Teil Ausschnitts Vergrößerungen. Ich bitte die teilweise schlechte Bildqualität zu entschuldigen)

Seit dem Schuljahr 1969/70 besuchen die Schüler der 7. – 9. Jahrgangsstufe die Verbandsschule Waldbüttelbrunn
Die Klassen 1 bis 6 blieben vorerst in Hettstadt.

Am 20. Juli 1975 wurde die Grund- und Teilhauptschule I Hettstadt aufgelöst und ist seit dem ein weiterer Schulort der Verbandsschule Waldbüttelbrunn. In Hettstadt werden bis heute die Klassen 1 bis 4 unterrichtet.

Quellenangabe:

- Rede des Hauptlehrers Theodor Theuerkaufer vom September 1960;
  Sammlung Mike Geis
- Aufzeichnungen des Hauptlehrers Theuerkaufer, zur Verfügung gestellt von
  Peter Lannig Hettstadt, Sammlung Mike Geis
- Protocollen Buch für die Gemeinde Verwaltung Hettstadt 1875-1897; Gemeinde Hettstadt
- Die Hettstadter Schule 1811 – 1818; Staatsarchiv Würzburg, Register 4472
- Schule Hettstadt 1809 – 1843, Staatsarchiv Würzburg, Register 4473
- Schule Hettstadt 1843 – 1904; Staatsarchiv Würzburg, Register 4474
- Visitationsprotokolle des Dekanats Karlstadt, 1579 – 1620, Diözesanarchiv Würzburg, Akten 182 – 186
- Schule live – 25 Jahre Verbandsschule Waldbüttelbrunn, Festschrift 1994
- Ein Heimatbuch über Roßbrunn/Mädelhofen; 2002. Rudolf Franz und Rosel Menning, Roßbrunn, Eigenverlag
- Blätter für fränkische Familienkunde, Band 25, 2002; Gesellschaft für Familienforschung in Franken e.V.
- Glossarium Bavaricum, 2005, Reinhard Heydenreuter u.A., i.A. der Generaldirektion der Staatlichen Archive Bayerns.
- Genwiki „Geld und Kaufkraft ab 1803“
- fredriks.de/hvv/kaufkraft.php
- Deutsche Bank – „Kaufkraftäquivalente historische Beiträge in deutschen Währungen. 1810 bis 2018.

Feste in den 1950ern in Bildern

Wie schon im Band 3 der „Hettstadter Geschichte(n)“ geschrieben, wurden recht schnell nach den Schrecken des „Dritten Reiches“, wieder Festivitäten gefeiert.
Zwei dieser Feste sind immer wieder gut durch Bilder von Michael Körner dokumentiert.
Er war einer der wenigen Personen in Hettstadt, der eine Kamera hatte. Er präsentierte seine Bilder öffentlich und die Einwohner konnten die Bilder für sich nachbestellen.
Deshalb gibt es die Bilder von Michael Körner immer noch in vielen Haushalten Hettstadts.

Zurück zu den Festen.
Schon am Rosenmontag 1949 wurde von der Gemeinde ein Kappenabend organisiert. Er dauerte von 15:00 bis 1:00 Uhr am nächsten Morgen.
Ab 1950 wurden dann zusätzlich Faschingsumzüge zu den Kappenabenden organisiert.. Die Erlöse dieser Feste, ebenfalls organisiert durch die Gemeinde, dienten dazu die Kriegergedächtnisstätte am Friedhof zu finanzieren.

Mit einfachen Mitteln, aber großer Begeisterung, wurden die Kostüme von den Mitwirkenden hergestellt und getragen. Neben dem „Elferrat“, dem Prinzenpaar, verschiedenen Wägen, wie zum Beispiel der „Jungweibermühle“, nahmen auch die Schulen teil. Unter der Führung ihrer jeweiligen Lehrkräfte waren die einzelnen Klassen kostümiert. So gab es Bäcker, Schornsteinfeger oder bei die Großen, Zigeuner.
Diese Kappenabende fanden im Saal des Gasthauses Zur Krone statt..

Das zweite große Dorfereignis waren die Erntedankfeste. Das ganze Dorf nahm an diesen Umzügen und Feiern teil. Festlich geschmückte Wagen und Fußgruppen zogen durch das Dorf.

Es wurden Situationen des Dorflebens dargestellt oder auch einzelne Berufe.

So gab es den Erntewagen, den Bäckerwagen, das Kuhgespann oder auch Fußgruppen die Hochzeit, Goldene Hochzeit oder Kindstaufe darstellten.

Auch dieser Festzug wurde mehrere Jahre hindurch organisiert.

Von der Gemeinde allerdings offensichtlich nur ein mal.

Gefeiert wurde damals auf der sogenannten „Löserwiese“. Das war eine große Wiese des Bauern Joseph Löser, die am Leinacher Weg lag.

Ausnahmen waren das Waldfest im Jahr 1950. Dieses wurde ebenfalls zu Gunsten der Kriegergedächtnisstätte abgehalten. Das Programm, das damals geboten wurde findet sich auf der nächsten Seite.

Danach folgen Bilder von den Faschingszügen. Anschließend die der Umzüge zu den Erntedankfesten und auch sonstigen Feiern..

,

E i n l a d u n g
=0=0=0=0=0=0=0=0=0=0=0=0=

Die Gemeinde Hettstadt hält am Sonntag, den 2. Juli 1950 um 13.30 Uhr zu Gunsten der Kriegergedächtnisstätte am Sportplatz ein großes

W a l d f e s t
=0=0=0=0=0=0=0=0=0=0=0=

ab, zu dem die Einwohner der Gemeinde . . . . herzlichst eingeladen werden.

Eintritt: 50 Dpf. 2 Kapellen spielen auf.

Das Programm sieht unter anderem vor:

Turnen, Reigen, Massenchöre und Wettspiele der Schuljugend,

Liedervorträge des Kirchenchores Hettstadt

Fußballspiel Gemeinderat Hettstadt - Elferrat 1950 Hettstadt

Trachtentänze

Tanz- und Unterhaltungsmusik

Bei Einbruch der Dunkelheit Pyramiden des Sprotvereins Hettstadt und Lampionspolonaise auf dem Sportplatz.

Bei ungünstiger Witterung wird das Waldfest auf den 9. Juli 1950 verlegt.

Für Essen und Trinken ist bestens gesorgt.

Der Festausschuß.

Je 1 Anschlag für die Gemeinden:

Waldbüttelbrunn
Mädelhofen
Roßbrunn
Greußenheim
Zell

Bei der ersten großen Faschingsveranstaltung nach dem Krieg, waren das Prinzenpaar Karl Kohlenberger und Linda Schröder. Die Prinzessin wurde vom Faschingsprinz zu Hause abgeholt und dann im Zug durch das Dorf geführt.

Später dann im großen Faschingszug, präsentierten sie auf einem Pferdegespann.

Eskortiert von „Soldaten“ und gefolgt vom Elferrat. Danach die verschiedenen Klassen und die Bevölkerung. Den Bildern nach zur urteilen, war dabei so ziemlich das ganze Dorf dabei.

Die Faschingsprinzessin wird vom Faschingsprinz zu Haus abgeholt. Ihr Elternhaus ist an der Ecke Blumenstraße / Greußenheimer Straße

Dann ging es, in Begleitung der Musikkapelle durchs Dorf.

Hier in der Würzburger Straße mit Blick auf die Kirchgasse.

Wurde hier das Rathaus gestürmt?

Das Bild entstammt der Rückseite der Schule, in der damals noch das Gemeindezimmer untergebracht war. Die dritte Person in der Reihe ist der damalige Bürgermeister Wilhelm Götz. Man beachte, dass die Türe rechts ins Gebäude noch fehlt.

Auch die Schüler waren beim Rathaussturm dabei. Erkennt sich noch Jemand?

Hier dann der Faschingszug, vor dem Gasthaus „Zum Engel“.

Mit einfachen Mitteln wurden von der Bevölkerung Faschingskostüme hergestellt. Hier auch zwei „Strohmännli“.

Die Musikkapelle mit Selbstgebastelten Zylindern.
Wer kennt noch die Litfaßsäule links auf dem Bild?

Auch an Wägen mit Pferden vorgespannt, war Einiges dargeboten.

Die älteren Schüler waren als Zigeuner oder Cowboys verkleidet.

Die Schulklassen nahmen mit ihren Lehrer/innen teil. Kostümiert als Schornsteinfeger, Bäcker und Metzger. Kostüme, die leicht herzustellen waren.

Aufstellung der Schüler in der Kirchgasse. Die Mädchen als Bauersfrauen verkleidet.

Begleitet von einigen Müttern waren die Kinder mit Begeisterung dabei.

Auch dieses Bild müsste aus dem Jahr 1950 stammen. Wer da wohl verhaftet wurde? Aufgenommen wurde das Bild vor der Schule. Im Hintergrund ist das alte Pfarrhaus zu sehen. Das „alte" Feuerwehrhaus ist noch nicht gebaut.

Einer der ersten Traktoren war auch eingesetzt.

Viel Publikum am Straßenrand

1951 waren Walter Gömmel und Hedwig Rügamer das Prinzenpaar.

Die Beiden wurden von einem Auto durch das Dorf gefahren.

Das neue Rathaus ist gebaut und der, ebenfalls verkleidete Gemeinderat empfängt den Faschingsprinzen.

Bürgermeister Wilhelm Götz übergibt den Rathausschlüssel an das Prinzenpaar.

Die Musikapelle und ein Reiter, hoch zu Ross in der Würzburger Straße. Rechts, „Die Brandie“. Wer kennt sie nicht.

1952 hieß das Prinzenpaar Irmtraud Thenhard und Josef Seubert. Der Zug wurde diesmal von einem Traktor angeführt. Gefahren von Fritz Löser.

Mit dabei der Elferrat.

Die Kostüme der Musikkapelle sind schon wieder aufwändiger.

Hier steht heute die Sparkasse.

Im Hof der Krone. Vorbereitung auf den Faschingstanz.

1953 war die Ära der Faschingszüge erst einmal vorbei. Gefeiert wurde aber trotzdem.

Genau wie 1954

Die Jugend hatte eindeutig sehr viel Spaß am Faschingstreiben.

1955 gab es offensichtlich wieder einen Faschingszug. Im Schnee

Erntedankfest

Ein weiteres großes Fest war in den 1950er Jahren, das Erntedankfest.
Nach Aussage mehrerer älterer Mitbürger soll es mehrere gegeben haben
Es finden sich nur wenige gesicherte Hinweise nach einem solchen Festzug. Nach einem Gemeinderatsbeschluss vom 9. August 1952 sollte dies am 31. August 1952 stattfinden. Auf zwei Bildern ist ein Jahr vermerkt. 1951 und 1953.
Der Erlös dieses Festes sollte der Anschaffung einer neuen Glocke dienen. Die alte Glocke war während des III. Reichs abgenommen und eingeschmolzen worden.
Leider ist kein Vermerk über den Erlös zu finden. Im Oktober 1952 wurde eine Sammlung im Ort durchgeführt, um den Restbetrag für die Glocke zu finanzieren.

Bei diesen Erntedankfesten gab es jeweils einen großen Umzug. Dargestellt wurde dabei das Dorfleben. So gab es Gruppen, die die verschiedenen Berufe bzw. Handwerke im Ort zeigten. Auch der Lebenslauf wurde dargestellt. Hochzeit, Taufe oder goldene Hochzeit wurden gezeigt.
Natürlich durften, wie heute auch, die Vereine nicht fehlen.

Sehr viele Einwohner Hettstadts nahmen an diesen Umzügen teil. Wer nicht teilnehmen konnte oder wollte, stand als Zuschauer an der Wegstrecke. Zu Hause blieb so gut wie Niemand.

Aufstellung war am „Unteren Gehegsweg“. Heute ist das der erste Teil der Würzburger Straße von der Staatsstraße her komment.

Zu dieser Zeit war die Landwirtschaft noch sehr präsent in Hettstadt. Im Bild unten, der erste Traktor in Hettstadt. Gefahren von Christel Erk.

Dieser gehörte der Familie Denninger und war etwas neuer.

„Es lebe das Bäckerhandwerk“ Der Wagen von Bäcker Peter Gehr.

Tünchermeister Georg Thenhardt war auch mit einem Wagen vertreten.

Der Wagner.

1953 ist dann auch schon ein Lastkraftwagen dabei.

Waldarbeiterinnen und Waldarbeiter.

Man beachte hier die Bereifung!

Wie heute auch – die Senioren bekommen einen Ehrenwagen.

Hier wird ein Rähabend dargestellt.

Der Obst- und Gartenbauverein.

Die Sportgemeinschaft Hettstadt in der Valentinusgasse.

Darstellung der Taufe.

Hier vor der Würzburger Straße 42. Heute Raiffeisenbank.

„Hochzeitspaare“

Die Musikkapelle darf natürlich bei keinem Festzug fehlen.

Nie fehlten die Kinder. Organisiert durch die Schule. Hier mit Ihrer Lehrerin, Frl. Baumeister.

Für die Jugend war es immer ein großer Spaß.

Bei der Ankunft auf der Löserwiese, nutzten viele Familien die Gelegenheit, sich fotografieren zu lassen. Wie schon erwähnt gab es nur wenige Leute, die eine Kamera besaßen.

Feiern auf der Löserwiese

Auch die Vereine wurden wieder aktiv. Wie auch heute noch, waren Feste und Feiern eine gute Gelegenheit, um die Vereinskasse aufzufüllen.
Auch Theateraufführungen waren hierfür eine gute Gelegenheit, wie die Schützen zeigten.

Beim Schützenfest 1956 wurde eine Trachtengruppe aus Oberbayern als Attraktion eingeladen und die Hettstadter staunten über diese „Exoten“.

Der Schießstand beim Schützenfest durfte nicht fehlen.

Es gab noch kein Zelt, man saß im Freien. Immer in der Hoffnung, dass das Wetter hält.

Die Schützenkönige Michael Körner und Ulrich Seubert mit den Ehrendamen.

Die zu gewinnenden Preise im Schaufenster der „Brandi“.

1951 wurde das erste Theaterstück der Schützen gespielt.

Dieses Bild einer Theateraufführung soll von 1953 sein.

Fahnenweihe der SGH am 1. Juli 1951

Der Radfahrverein Edelweiß Hettstadt feierte Gründungsfest am 3. und 4. Juli 1954 mit einer Fahnenweihe.

Auch dieses Feuerwehrfest fand vermutlich 1952 statt.

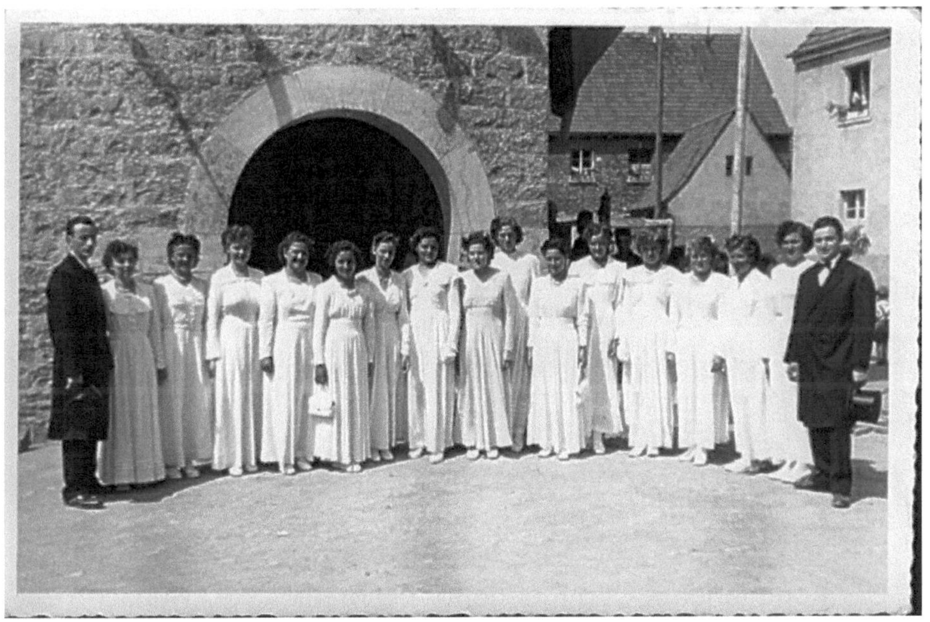

Die Einweihung des neuen Feuerwehrhauses wurde 1953 groß mit einem Fest und Ehrendamen gefeiert.

Pfarrer August Wörner segnet das neue Feuerwehrhaus an der Schule.

Der Kommandant Otto Kleedörfer nimmt die Glückwünsche entgegen.

1954 gründete sich die Kolpingsfamilie Hettstadt
und nahm auch an Festzügen teil. Hier nicht in Hettstadt.

Die Musik durfte natürlich nie fehlen. Hier bei der Kirchweih 1952. Das Bild entstand am Eingang der „Krone“.

Aufstellung zum Erntedankfest 1952 vor der „KoeBau Bushalle“.

Der VdK veranstaltete für seine Mitglieder Ausflüge.

Kiliani Besuche waren wieder möglich

Ausflugsfahrten mit dem Bus wurden organisiert Hier vom Chor in die Fränkische Schweiz.

Zum Schluss noch ein paar Bilder von Festen, die nicht zugeordnet werden konnten.

Der Tisch der Honoratioren. Pfarrer Wörner und Bürgermeister Wilhelm Götz. (rechts).

Ein Festzug oder eine Prozession.

Eine Feierrunde im Gasthaus.

Ich habe bei den meisten Bildern bewusst auf die Nennung der Namen der abgebildeten Personen verzichtet.
Nur Honoratioren wie Bürgermeister, Pfarrer oder Vereinsvorstände bzw. den Kommandanten der Feuerwehr, habe ich mit Namen genannt, da diese Personen des öffentlichen Lebens waren.

Die Bilder stammen alle aus meiner Sammlung, die ich im Laufe von über 30 Jahren aufgebaut habe.

Wer die Herkunft der einzelnen Bilder erfragen möchte, kann dies gerne bei mir tun.

Ich danke allen Bürgern aus Hettstadt, die mir ihre fotografischen Schätze zur Verfügung gestellt habe.

In der Reihe **„Hettstadter Geschichte(n)“** sind bereits erschienen:

Band 1:	**1. April 1945 – Der Kampf um Hettstadt**
Band 2:	**Archäologische Bodenfunde aus Hettstadt**
Band 3:	**Der Wiederaufbau Hettstadts**
Band 4:	**Ein Gang durch die alten Straßen Hettstadts**